Weil naturgegebenes und naturbelassenes Bastelmaterial heute aktueller denn je ist, wenden wir uns in diesem Buch ausschließlich den Möglichkeiten zu, die uns das Stroh als Bastelmaterial bietet. Dabei ist es unerheblich, ob wir das Stroh kaufen oder selbst suchen. Wichtig ist allerdings, daß wir es unbeschädigt nach Hause bringen.
Oft beleben Grashalme oder Binsen unsere Arbeit, denn sie bringen weitere natürliche Farben ins Spiel.
Sicher haben die meisten Leser schon in früher Jugend erste Versuche mit Stroh gemacht. Aber Sie werden bald feststellen, daß auch hierbei die alte Erkenntnis gilt, daß die Freude an einer musischen, schöpferischen Tätigkeit wächst, je weiter man seine Fähigkeiten entwickelt hat.
Ich hoffe sehr, Ihnen in diesem Sinne manches Neue zu vermitteln und wünsche viel Spaß und gutes Gelingen!

Inge Walz

ISBN 3-7724-0588-6 · Best.-Nr. 843

Auflage: 9. 8. 7. 6. 5.
Jahr: 1987 86 85 84 83
Letzte Zahlen maßgebend

frech-verlag
GmbH + Co. Druck KG Stuttgart
Druck: Frech, Stuttgart-Weilimdorf

Stroh – ein Naturprodukt

Die Halme haben in größeren oder kleineren Abständen knotenartige Verdickungen und sie verjüngen sich nach oben. Diese Eigentümlichkeiten gilt es zu berücksichtigen und zu nutzen.

Stroh ist hart und spröde; es läßt sich in diesem Zustand schwer schneiden. Eine Vorbehandlung ist daher grundsätzlich nötig. Das Stroh wird immer zunächst eingeweicht und anschließend zurechtgeschnitten.
Es gibt im Prinzip zwei Möglichkeiten, mit Stroh zu arbeiten: Man kann die Halme als ganzes verwenden und man kann das Stroh plan verarbeiten, d. h. die Halme aufschneiden und bügeln. Manchmal werden auch ganze Halme kurz gebügelt.
Ich habe diese unterschiedliche Material-Vorbereitung als Ordnungsprinzip eingehalten, wobei allerdings die Kombination von gebügeltem Stroh mit nur eingeweichten Halmen bei den Sternen einen besonders breiten Raum einnimmt.

Zunächst aber befassen wir uns mit den vorbereitenden Arbeitsgängen. Diese sind:
- das Einweichen,
- das Schneiden der Spitzen,
- das Schneiden der Sterne,
- das Bügeln,
- das Bräunen.

Einweichen

Stroh sollte so lange in warmem oder heißem Wasser eingeweicht werden, bis es so weich ist, daß es weiterverarbeitet werden kann (ca. 1/4 – 1 Std.). Selbstgesuchtes Stroh, Gräser oder Binsen erfordern eine etwas längere Einweichzeit. Gefärbtes Stroh ist Farbe für Farbe getrennt in kaltem Wasser einzuweichen, da bunte Halme im Wasser leicht abfärben.

Ungebügeltes Stroh

1a. Das Schneiden der Spitzen

Der eingeweichte Halm wird an seinem Ende zwischen Daumen und Zeigefinger der linken Hand zusammengepreßt und mit der Schere vom Ende zum Halm hin schräg abgeschnitten. Einige Varianten des Einschnitts sehen Sie auf der gegenüberliegenden Seite unten.

2a. Das Schneiden der Sterne

Die Sterne werden erst eingeschnitten, wenn sie fertig gebunden sind. Achten Sie darauf, daß die Spitzen noch feucht sind, sonst könnten sie leicht splittern und abbrechen. Eventuell kann der ganze Stern nochmals eingeweicht werden.

Gebügeltes Stroh

1b. Bügeln

Die eingeweichten Halme werden in noch feuchtem Zustand mit einem scharfen Messer oder mit der Schere aufgeschlitzt und mit großer Hitze auf beiden Seiten gebügelt. Als Unterlage verwendet man am besten mehrere Lagen alte Zeitungen.

2b. Gebügeltes Stroh schneiden

Ein Trick verhindert, daß Zacken und Spitzen abbrechen: Man beklebt die Stroh-Rückseite mit Tesafilm und kann so auch komplizierte Muster in dieses doch relativ spröde Material schneiden. Bereits abgebrochene Spitzen werden auf die gleiche Art unauffällig wieder angeklebt.

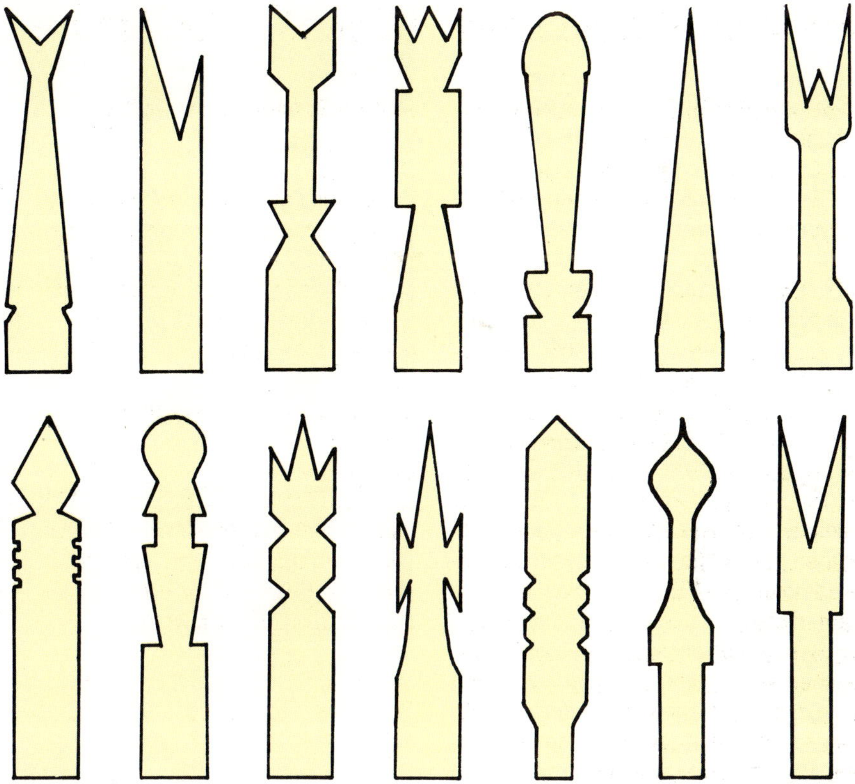

Es gibt viele Möglichkeiten, in gebügeltes Stroh originelle Verzierungen zu schneiden.

3b. Bräunen

Naturfarbenes oder gebleichtes Stroh kann mit einem heißen Bügeleisen gebräunt werden. Das dauert relativ lange. Mit weniger Zeit- und Arbeitsaufwand kann man gebügeltes Stroh, ganze Halme oder Binsen im Backofen bei niedrigster Temperatur bis zum gewünschten Farbton bräunen. Aber Vorsicht bitte, daß das Stroh nicht verbrennt!
Einen interessanten Effekt erzielt man, wenn der bereits fertige Strohstern einen Augenblick auf eine heiße Herdplatte mit einem Wassertopf beschwert, gelegt wird. Ist der Durchmesser der Herdplatte kleiner als der Stern, so wird nur die Sternmitte gebräunt, während die Spitzen ihre Naturfarbe behalten. (Beispiel auf Seite 13.)

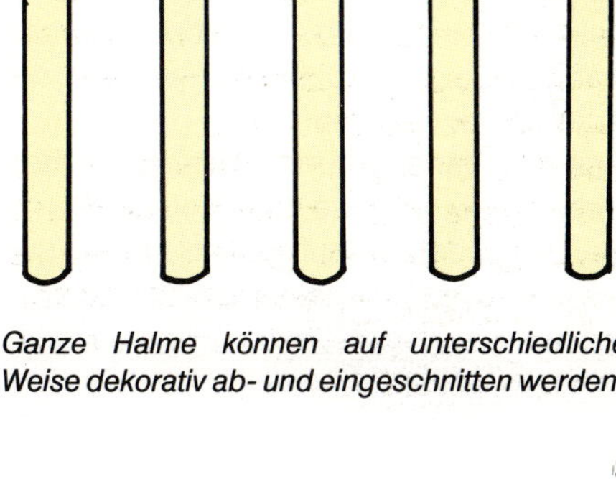

Ganze Halme können auf unterschiedliche Weise dekorativ ab- und eingeschnitten werden.

3c. Strohfächer

Die eingeweichten Halme gleicher Stärke werden parallel nebeneinandergelegt, mit der rechten Hand beschwert und zwischen Daumen und Zeigefinger der linken Hand ca. 2–3 cm vom Halmende entfernt zusammengedrückt. Mit der rechten Hand werden die Halme direkt an der Druckstelle mehrmals mit einem starken Faden umwickelt und gebunden.

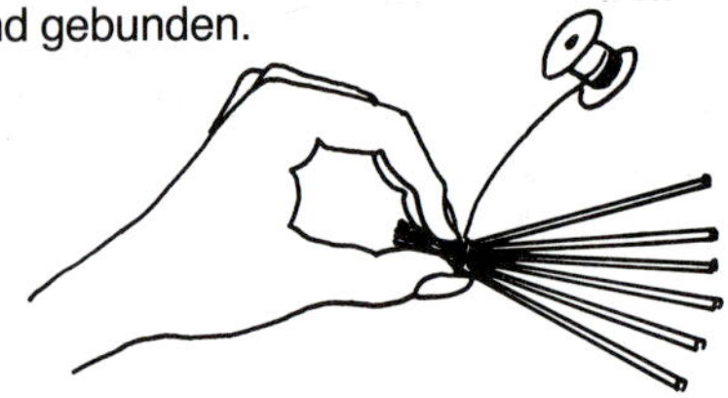

Es empfiehlt sich, den Faden nach dem Trocknen der Halme nochmals fest zusammenzuknoten. Bei 8 und mehr Halmen ist es ratsam, nicht alle Halme auf einmal zu binden. Bei 10 Strohhalmen werden z.B. 2 Fächer à 5 Halme gefertigt, die dann wieder zu einem Fächer gebunden werden. Dieser zusätzliche Arbeitsgang verleiht dem Fächer mehr Stabilität und somit dem Stern ein gleichmäßigeres Aussehen.

Strohsterne binden

Der Vierer- und Sechser-Stern

Für das Binden der Strohhalme kann ein kleiner Styroporblock recht nützlich sein. 4 bzw. 6 Halme werden über Kreuz aufeinandergelegt und in der Mitte mit einer Stecknadel auf dem Block festgesteckt. Mit einem farblich passenden Faden werden die Halme zusammengebunden.
Dieser Vorgang kann mit 4 weiteren Halmen wiederholt werden, so daß zwei 4er-Sterne vorliegen, oder, wie auf dem Foto rechts gezeigt, als 2. Lage 4 Halme direkt in die Zwischenräume des 1. Sterns gelegt und miteinander verwoben werden.

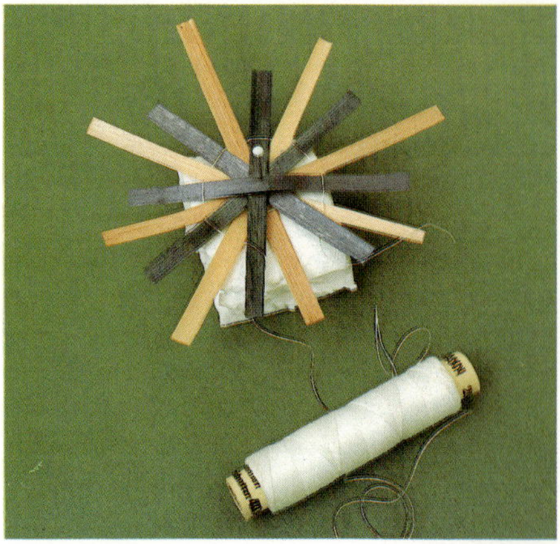

Grundformen der Strohsterne

Alle Sterne, die wir gemeinsam gestalten wollen, sind auf zwei Grundformen zurückzuführen, die sich ganz einfach herstellen lassen:

Der Vierer-Stern, gebildet aus 4 Halmen (Abb. 1a + b). Jeweils zwei gleichlange Halme werden so übereinandergelgt, daß zwei rechtwinklige, gleichschenklige Kreuze entstehen. Diese werden nun „auf Lücke“ übereinandergelegt, so daß alle entstehenden Winkel gleich sind. Ein fester Zwirn wird um die einzelnen Halme geführt, wie Abb. 1b zeigt, und festgeknotet.

Der Sechser-Stern, gebildet aus 6 Halmen. Die Abb. 2a + b zeigen, daß hierfür jeweils drei Halme so gelegt werden, daß 6 gleichschenklige Winkel von 60° entstehen. In unserem Beispiel wurden zweimal 3 Halme unterschiedlicher Größe zusammengeführt.

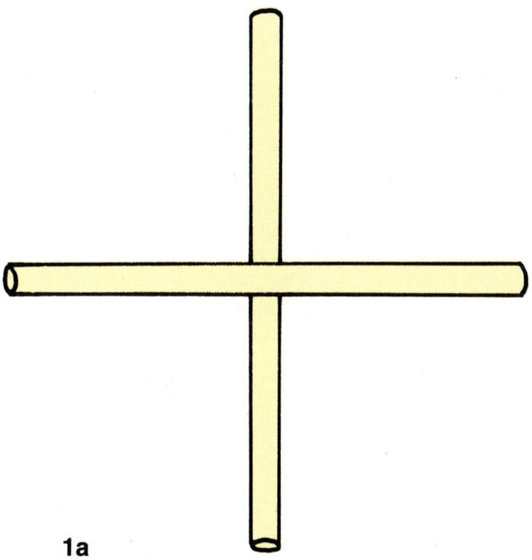

1a

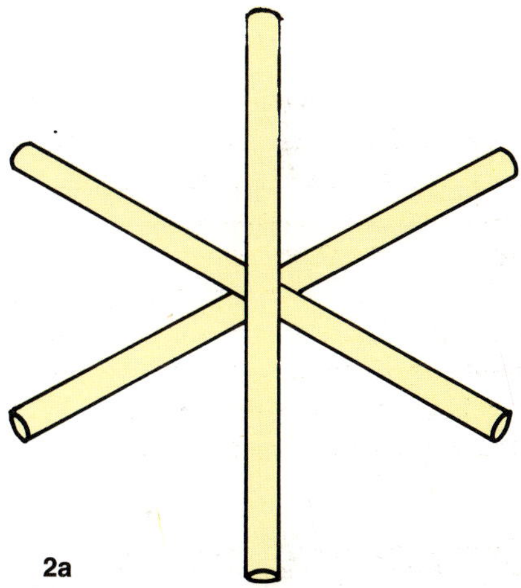

2a

Legen und Binden eines 4er-Sternes.

Legen und Binden eines 6er-Sternes.

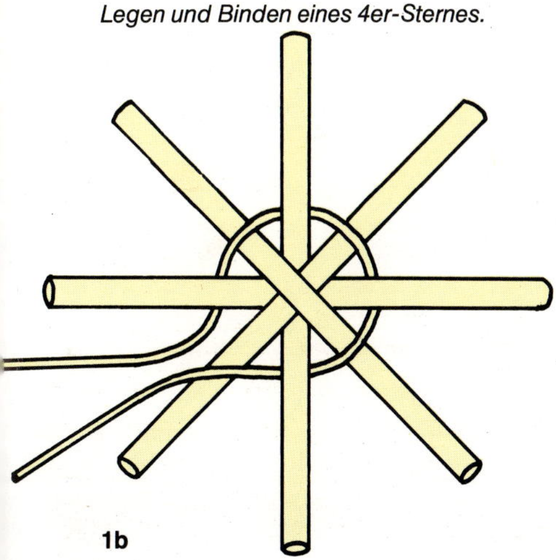

1b

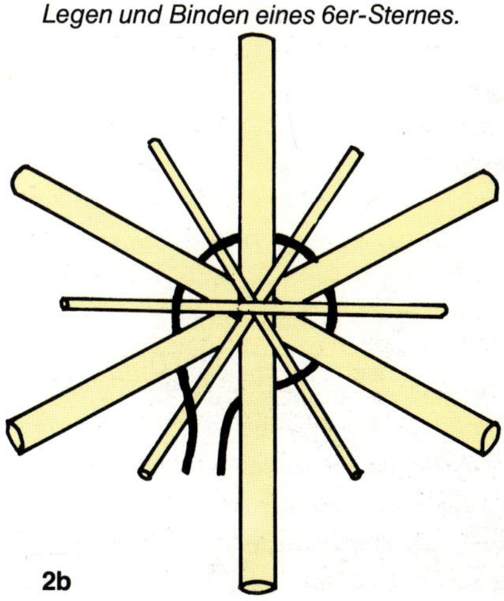

2b

Was entsteht aus den Grundformen?

Der einfache 4er- oder 6er-Stern ist auf folgende Weise erweiterungsfähig:

1. Wir können mehrere einfache Sterne nebeneinandersetzen bzw. miteinander verbinden. So entstehen Sternen-Kränze, Einrahmungen, Sternenbündel etc.

2. Wir können mehrere gleichartige oder verschiedene 4er- oder 6er-Sterne so übereinanderlegen und miteinander verbinden, daß ein vielstrahliger Stern entsteht, jedoch ist es nicht möglich, einen 4er- mit einem 6er-Stern zu kombinieren.

3. Schließlich können wir auf die längsten Strahlen eines großen Sterns kleine Sterne aufstecken. Dabei sollte beachtet werden, daß die tragenden Halme stark genug sind, um die kleinen Sterne zu halten.

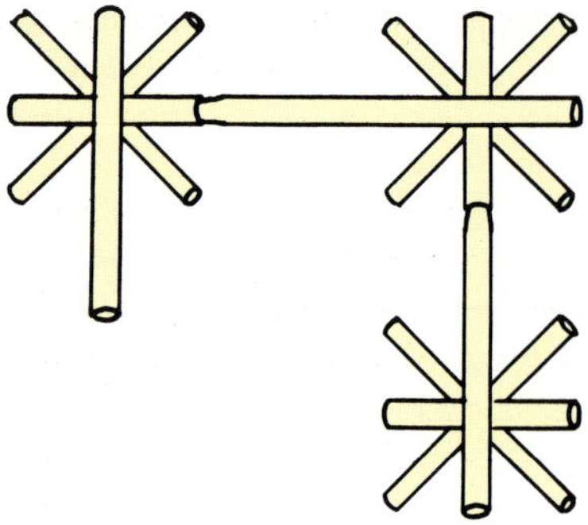

1

2

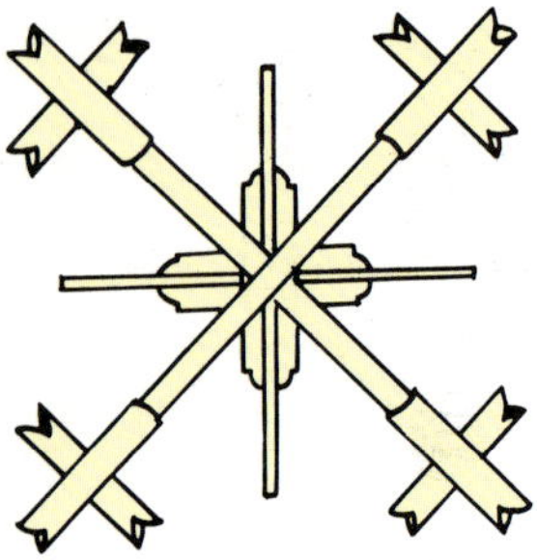

3

3a

Binsen und Gräser

Sehr gern werden Binsen und Gräser in Strohsterne mit eingebunden, denn sie bringen als besonders dünne, grüne Halme Abwechslung in unsere Arbeiten. Man sammelt sie am besten im Spätsommer an Wald- und Wiesenrändern. Die Blätter und Fruchtstände sind gleich zu entfernen; dann läßt man die Halme trocknen, um sie unmittelbar vor der Verarbeitung – wie gesagt – in warmem Wasser einzuweichen.

Die Verwendung des Materials

Auf die unterschiedliche Vorbehandlung wurde bereits hingewiesen. Das sieht dann so aus:

A) Stroh wirkt besonders natürlich, wenn wir die Halme ganz verwenden, also den plastischen Charakter des Strohhalmes erhalten. Bei diesen Arbeiten wird das Stroh lediglich eingeweicht, weil es sonst für die Verarbeitung zu spröde ist. (Gräser und Binsen werden immer ungebügelt verarbeitet.)

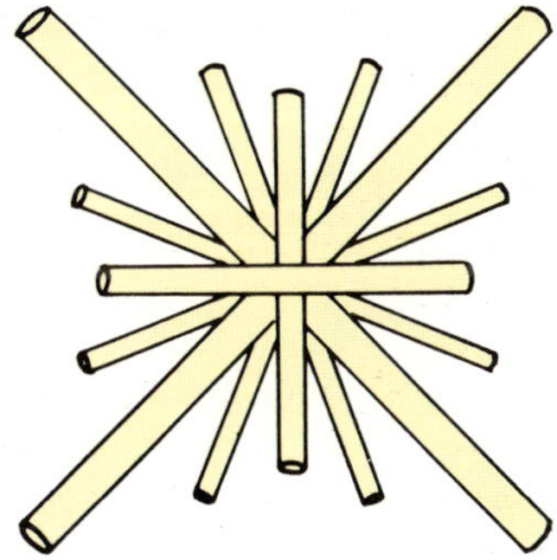

A

B) Man kann Stroh, wie im Einleitungskapitel beschrieben, aufschneiden und bügeln. Wir erhalten auf diese Art relativ breite Stroh-Streifen, die wir in dekorative Formen schneiden können.
Um zu vermeiden, daß die Sterne eine Vorder- und Rückseite haben, können jeweils 2 gleich breite Halme gegeneinander geklebt werden. Dadurch wird vermieden, daß sich die Sterne wölben und gleichzeitig wird eine größere Stabilität erzielt.

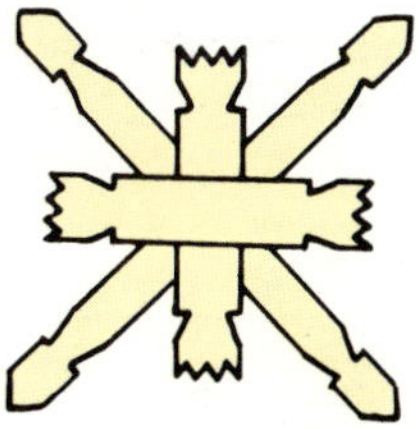

B

C) Es lassen sich auch reizvolle Sterne arbeiten, wenn man ungebügelte Halme mit gebügeltem Stroh kombiniert.

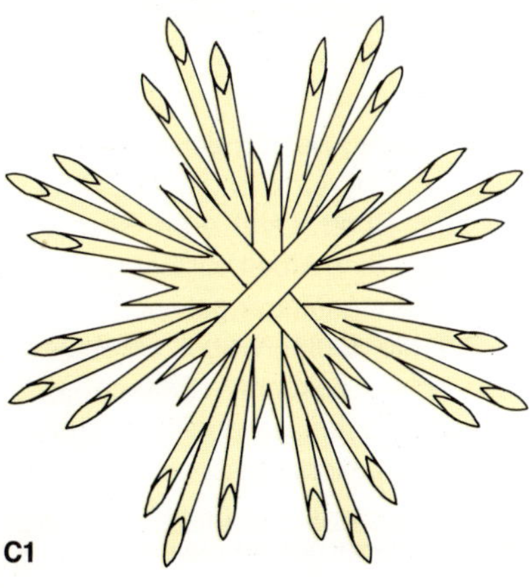

C1

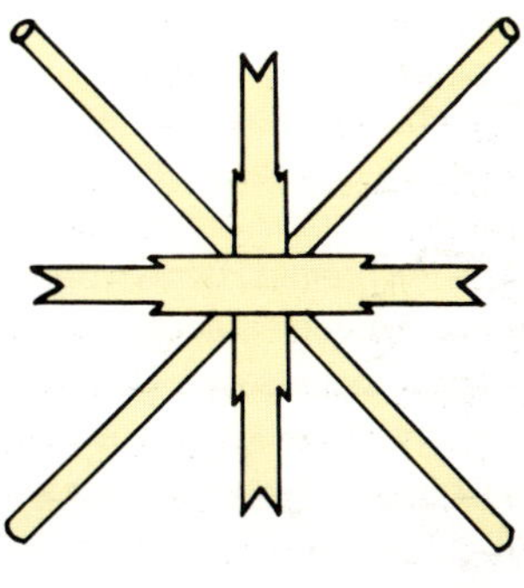

C

Einfassung einer Blumenkugel

Wir fertigen 8 gleiche Sterne aus ganzen gebügelten Strohhalmen an, die jeweils aus einem 4er-Stern mit schmalen und einem 4er-Stern mit breiten Halmen bestehen. Bei jedem Stern wurde einer der Stroh-Strahlen etwas länger belassen. Dieser Strahl stellt dann die Verbindung zum Nachbar-Stern her. UHU Alleskleber macht die Verbindung perfekt.

Die Gestaltung der Einzelsterne und ihre Größe liegt in Ihrem Ermessen. Die Verbindung zum Rund, Oval oder Rechteck ist problemlos. Eine Arbeit mit Gebrauchswert, die auch dem Anfänger gelingt.

Wie Sie die Blumenkugel anfertigen, ist Ihnen sicher bekannt? Einfach in eine Styroporkugel entsprechender Größe die Stiele der Trockengewächse dicht an dicht einstecken. Auch hier macht ein bißchen UHU Alleskleber die Sache sicherer.

Sterne aus ungebügeltem Stroh

Stern mit 96 Strahlen

∅ 33 cm

Material:
24 eingeweichte Strohhalme, ca. 21 cm lang
24 eingeweichte Binsen oder Grashalme, ca. 33 cm lang
Grundstern: 6er-Stern

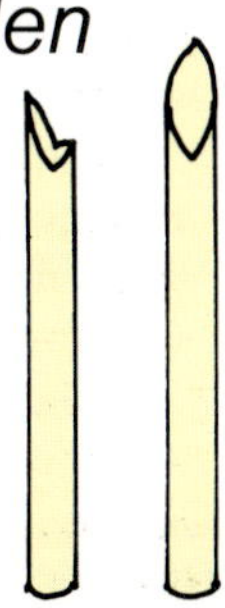

Wir fertigen 4 Stroh- und 4 Binsensterne aus je 6 Halmen. Dann werden jeweils 2 Sterne gleicher Art versetzt aufeinandergelegt und miteinander verwoben. Nun werden die beiden so entstandenen Strohsterne (und ebenso die Binsensterne) miteinander verbunden. Jetzt haben wir je einen Stroh- und einen Binsenstern: Beide werden zu dem einen Stern verwoben, den unser Bild zeigt.

Sternensonne

∅ 50 cm

Dieser Stern wirkt auf den Anfänger zunächst recht kompliziert. Aber das täuscht. Sie werden ihn ganz bestimmt ebenso schön wie auf dem Bild selbst herstellen. Wir müssen uns die Arbeit nur in mehrere Phasen zerlegen. Jede Einzelarbeit ist kinderleicht.

Für den Innenstern brauchen Sie:

12 eingeweichte Binsen oder Grashalme, 50 cm lang,
6 eingeweichte dicke Strohhalme, 22 cm lang,
6 eingeweichte dicke Strohhalme, 10,5 cm lang.

Daraus bilden Sie nun die folgenden 6er-Sterne:

2 Binsensterne, 50 cm ∅,
1 Strohstern, 22 cm ∅,
1 Strohstern, 10,5 cm ∅.

Das ist doch sicher eine sehr einfache Sache, wobei es nur auf sauberes Arbeiten ankommt!

Als nächstes werden die beiden Binsensterne versetzt aufeinander gelegt und so miteinander verwoben. Dann machen Sie das gleiche mit den beiden Strohsternen. Schließlich werden die beiden fertiggestellten 12er-Sterne wiederum miteinander verbunden: der Innenstern ist fertig!

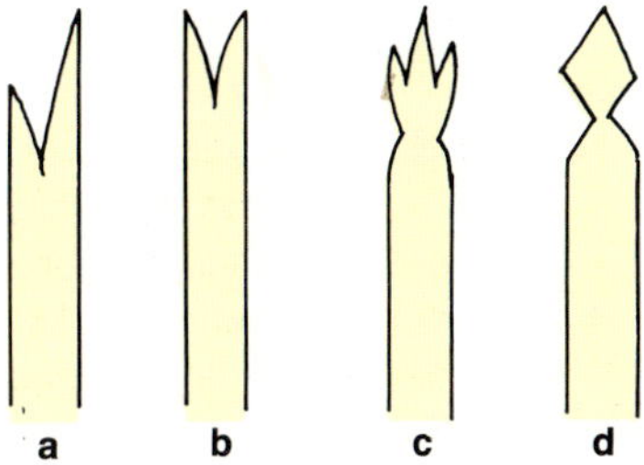

Und nun zu den Außensternen
(wofür man auch gebügeltes Stroh verwenden kann)
Wir brauchen
sechs 4er-Sterne,
∅ ca. 6 cm, aus je 8 Halmen;
zwölf 6er-Sterne,
∅ ca. 8 cm, aus je 12 Halmen.

Bei jedem der Sterne muß ein Halm-Ende ca. 5 cm länger sein; denn hiermit werden die kleinen Sterne am Innenstern befestigt. Somit ist Ihr Materialbedarf für die kleinen Sterne:

42 Strohhalme 6 cm lang,
6 Strohhalme, 11 cm lang,
132 Strohhalme, 8 cm lang,
12 Strohhalme, 13 cm lang.

Die nebenstehende Zeichnung a zeigt den Zuschnitt der Spitzen. Sie dürfen allerdings auch gern eigene Variationen ausprobieren. Diese Beispiele sollen Sie nur anregen.

Strohsonne A
∅ 23 cm

Material:
Für Mittelstern: 4 dünne helle Halme, eingeweicht, 6 cm lang
16 braune Halme, eingeweicht, 11,5 cm lang
88 helle Halme, eingeweicht, 11,5 cm lang
Merke: Nur Halme gleicher Stärke verwenden.

Aus den vier 6 cm langen dünnen Halmen einen Stern binden. 8 Strohfächer wie folgt arbeiten: 1 heller Halm – 1 brauner – 9 helle – 1 brauner – 1 heller Halm. Die parallel nebeneinander gelegten Strohhalme werden zwischen Daumen und Zeigefinger, ca. 3 cm vom Halmende entfernt, fest zusammengepreßt und mit einem starken Faden abgebunden.

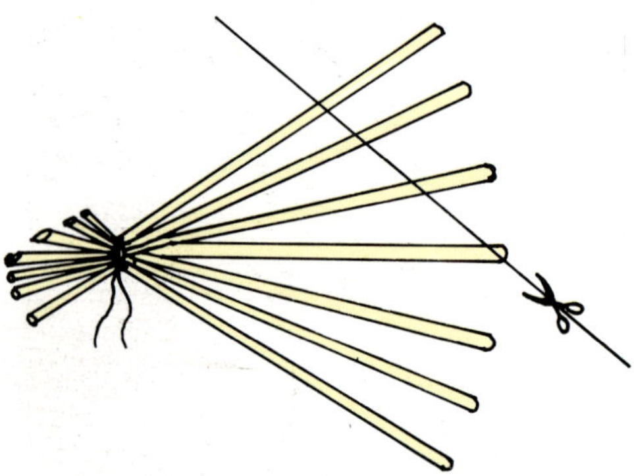

Als Schablone einen Kreis ausschneiden und diesen in Achtel unterteilen. Die 3 cm langen Fächerspitzen nach der Schablone schräg zuschneiden und jeweils den mittleren Halm auf eine Sternspitze aufschieben und festkleben. Beim Zuschneiden darauf achten, daß zwischen den Fächerspitzen keine Zwischenräume entstehen.
Für den Zuschnitt der Halmenden evtl. eine weitere Schablone (Kreis ∅ 23 cm) herstellen. Zwischen den braunen Halmenden werden die beiden hellen Halme ½ cm vom Rand entfernt zusammengebunden.

Nach dem vollständigen Trocknen des Sterns, zur Erhöhung der Stabilität, auf der Rückseite im Mittelstück zwischen den Halmen klaren Klebstoff einlaufen und trocknen lassen. (Klebstoff nicht flächig auftragen – schmieren –, da sonst der Klebstoff sichtbar ist.)

Strohsonne B
∅ 23 cm

Bei dieser Variante zu Strohsonne A wurde das gleiche Material verwendet. Die Halmenden wurden allerdings zum Schluß kreisförmig abgeschnitten. Vorher wurden jeweils zwei einen Fächer begrenzende helle Halme so zusammengebunden, daß die Bindestelle nachher knapp innerhalb des Kreises liegt.

Strohsonne C
∅ 50 cm

Für diese größere Variante wurden pro Fächer 17 Strohhalme von 23 cm Länge und 4 dünne Halme, 9 cm lang, verwendet.

Das Binden dieser Fächer sollte in mehreren Arbeitsgängen ausgeführt werden, da es sehr schwierig ist, 17 Halme auf einmal zusammenzufügen. Man kann daher je 1 Fächer aus 8 und 9 Halmen fertigen und diese beiden Teile wieder zu einem Fächer zusammenbinden.
Der Arbeitsgang entsprach dem von Sonne A. Ein zusätzlicher Effekt wurde dadurch erzielt, daß die Sternmitte auf einer Herdplatte (unterste Heizstufe) gebräunt wurde. Synthetikfaden schmilzt auf der Herdplatte, deshalb Baumwollfaden verwenden.

A

B

C

Sechs-zackiger Stern

∅ 22,5 cm

Material:
24 helle eingeweichte Strohhalme, 23 cm
24 braune eingeweichte Strohhalme, 23 cm
Grundstern: 6er-Stern

Pro Farbe binden wir 4 Sterne aus je 6 Halmen. Dann legen wir jeweils zwei gleichfarbige Sterne versetzt aufeinander und verweben sie. Als nächstes werden alle hellen und alle braunen Sterne jeweils zusammengefügt. Am Ende haben wir nur noch einen Stern.

Nun fassen wir je 8 braune Halme zusammen, knicken sie am Fadenlauf und binden sie 5 mm von der Spitze entfernt ab. Die hellen Halme werden nur spitz zugeschnitten.

Es ist ratsam, nach dem Trocknen der Halme die Spitzen nochmals nachzubinden.

Sechzehn-zackiger, zweifarbiger Stern

∅ 26 cm

Material:
24 braune eingeweichte Langstrohhalme, 27 cm
24 helle eingeweichte Strohhalme, 22 cm
Grundstern: 4er-Stern

Zunächst pro Farbe 6 Sterne aus je 4 Halmen binden. Jeweils 2 gleichfarbige Sterne versetzt aufeinanderlegen und verweben. So entsteht in Stufen schließlich ein Stern.

Jetzt jeweils 6 braune Halme am Fadenlauf knicken, zu einer Spitze zusammenpressen und abbinden. Das gleiche machen wir auch mit den hellen Halmen. Dabei achten wir darauf, daß die hellen Zacken jeweils genau zwischen den dunklen liegen.

Strohstern mit 8 kleinen Sternen

∅ 30 cm

Material:
16 gebräunte, eingeweichte Halme, 30 cm lang
16 helle, eingeweichte Halme, 13 cm lang
Kleine Sterne: 56 helle eingeweichte Halme, 7 cm lang
8 helle eingeweichte Halme, 9 cm lang.

8 kleine Strohsterne aus je 8 ganzen, gebügelten Halmen à 7 cm binden. Ein Halmende sollte etwas länger sein, denn dieser Halm wird auf den Hauptstern aufgesteckt. Die restlichen Halmenden pro Stern werden in noch nassem Zustand V-förmig eingeschnitten.
Grundstern: 4er-Stern

4 braune und 4 helle Sterne aus je 4 Halmen binden. Jeweils einen braunen und einen hellen Stern versetzt aufeinanderlegen und verweben. Von den 4 entstandenen Sternen je 2 so aufeinanderlegen und verweben, daß immer 2 helle und 2 braune Halme nebeneinander liegen.
Nun beide Sterne so zusammenfügen, daß jeweils 4 Halme einer Farbe nebeneinander liegen.
Die Spitzen der braunen Halme und jeweils 3 helle Halme gemäß Zeichnung zuschneiden.
Auf die noch übrigen hellen Strohhalme werden die kleinen Sterne aufgesteckt und eingeklebt.

Hier noch eine Anregung:
Viele der hier gezeigten Strohsterne sind zugleich als Tischschmuck, Kerzenständer etc. ideal. Erkennen Sie unter der Kerze unsere Bastelarbeit „Strohsonne“ von den Seiten 12 und 13 ?

Ährenstern

∅ 52 cm

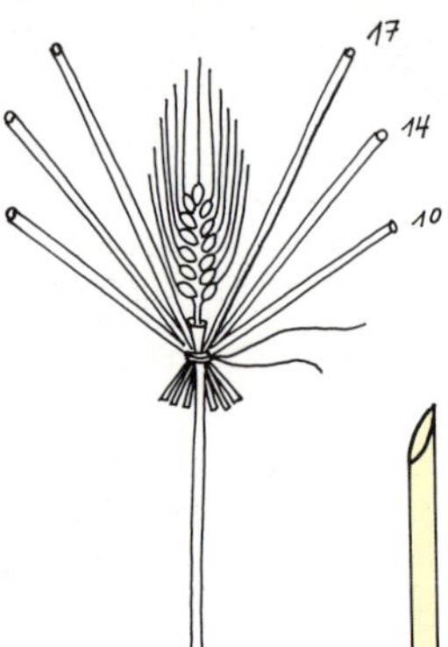

Dieser große Ährenstern mag uns daran erinnern, daß Strohsterne keineswegs an die Advents- und Weihnachtszeit gebunden sind. Der hier vorgestellte Stern ist sehr gut in Verbindung mit Erntedank zu bringen, wobei ein Gebinde oder Kranz aus Feldblumen stilgerecht ist.

Material:
12 Rauchähren, Halmlänge ca. 10 cm
6 eingeweichte dickere Strohhalme, 22 cm lang
12 eingeweichte Binsen oder Grashalme, 22 cm lang
6 eingeweichte Binsen oder Grashalme, 38 cm lang
24 eingeweichte Strohhalme, 17 cm lang
24 eingeweichte Strohhalme, 14 cm lang
24 eingeweichte Strohhalme, 10 cm lang
Grundstern: 6er-Stern

Vier 6er-Sterne aus je 6 Halmen binden: 1 Strohstern 22 cm ∅, 1 Binsenstern 38 cm ∅, 2 Binsensterne 22 cm ∅.

Die beiden kleinen Binsensterne zu einem Stern sowie den Strohstern und den größeren Binsenstern zu einem weiteren Stern verweben. Beide Sterne versetzt aufeinanderlegen und wieder verbinden. Da die Halme der Rauchähren meist stark gekrümmt sind, werden sie in einen zusätzlichen Halm gesteckt und mit UHU Alleskleber eingeklebt.

Die Halme nach Zeichnung legen und zu Fächern zusammenbinden. Die Ähre wird nun in einen dicken Strohhalm des Innensterns gesteckt und eingeklebt.

Spitzen: Die 10, 14 und 17 cm langen Halme paarweise nach Zeichnung zusammenbinden. Halmenden knapp nach der Bindestelle abschneiden. (Evtl. nach dem Trocknen des Strohs nochmals nachbinden!)
Jeweils einen 10 cm langen Halm von rechts und links an einer 38 cm langen Binse festbinden. Die danebenliegenden 14 cm langen Halme und anschließend die 17 cm langen Halme an den Enden zusammenpressen und fest abbinden. Nach dem Abbinden die Halmenden knapp nach der Bindestelle abschneiden.
Die 22 cm langen Binsen spitz zuschneiden.

Kerzenhalter

∅ 34 cm

Strohsterne sind nicht notwendigerweise Fenster- oder Hänge-Sterne. Gern verwendet man sie auch als Tischdekoration. Hier ein Beispiel für einen Kerzenständer.

Material: 24 eingeweichte Binsen oder Grashalme, 34 cm lang
24 eingeweichte helle Strohhalme, 22 cm lang
Grundstern: 6er-Stern

So wird der Kerzenhalter auf Seite 19 hergestellt:
Jeweils vier 6er-Sterne aus Binsen bzw. Stroh binden. Immer einen Stroh- und einen Binsenstern miteinander verweben.
Die 4 Sterne werden zu 2 Sternen und schließlich zu einem Stern verbunden. Dabei ist zu beachten, daß immer 4 Stroh- und 4 Binsenhalme abwechselnd nebeneinander liegen. Die Spitzen schneiden Sie bitte wie rechts abgebildet zu. In etwas Knetmasse, die in die Sternmitte gedrückt wird, wird die Kerze eingefügt und das Gesteck rundum arrangiert.

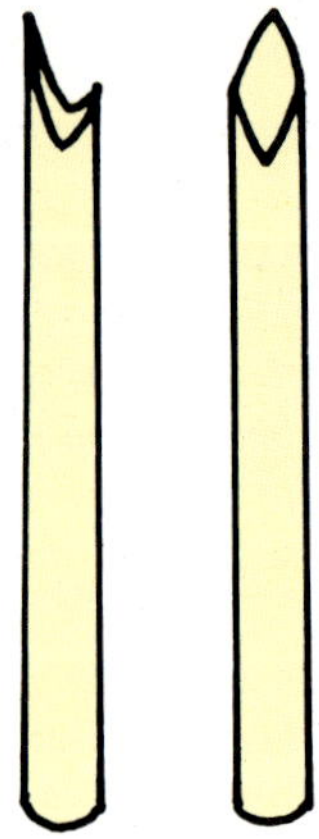

Strohstern mit Fächern

∅ 60 cm

Material:
Innenstern: *4 gebräunte, eingeweichte Langstrohhalme, 37 cm lang*
8 gebräunte, eingeweichte Strohhalme, 18 cm lang
4 helle, dicke, eingeweichte Strohhalme, 22 cm lang
8 helle, eingeweichte Strohhalme, 10 cm lang
Fächer: *152 helle, gleichstarke eingeweichte Strohhalme, 22 cm lang zum Flechten hellen Bast oder eingeweichte Langstrohhalme*
Grundstern: 4er-Stern
Vier 4er-Sterne aus je 4 Halmen binden:
2 braune Sterne, ∅ 18 cm,
1 brauner Stern, ∅ 37 cm,
1 heller Stern, ∅ 22 cm.
Die beiden Sterne mit 18 cm ∅ miteinander verweben; mit den Sternen 37 cm ∅ und 22 cm ∅, genauso verfahren. Beide Sterne versetzt aufeinanderlegen und verbinden.
Strohfächer: Jeweils 19 helle Strohhalme parallel nebeneinanderlegen und ca. 4 cm von einem Ende entfernt die Halme zwischen Daumen und Zeigefinger fest zusammenpressen und mit einem starken Faden mehrmals umwickeln und verknoten. Die Halme dürfen dabei auf keinen Fall übereinanderrutschen.
Einfügen der Fächer: In den mittleren Halm des Fächers wird ein 10 cm langer Strohhalm gesteckt, in einen hellen Halm des Innensterns geschoben und eingeklebt.
Flechten der Fächer: Ein ca. 5 m langer Baststreifen wird doppelt gelegt und am vorletzten Halm eines Fächers eingehängt. Nun werden um den ganzen Stern die einzelnen Halme mit den beiden Bastenden umflochten, dabei den ersten und letzten Halm jedes Fächers nicht mit einflechten. An jedem Fächer kreuzen sich dabei die 2. und vorletzten Halme; an dieser Stelle wird das Ende des braunen Langstrohhalmes mit einbezogen und zusätzlich verknotet.
Geübte Bastler können zum Flechten auch Langstroh verwenden, das aber nach jedem Fächer verknotet und wieder neu eingehängt werden sollte.
Zuschneiden der Fächer: Auf Karton eine Schablone zeichnen, diese unter den Fächer legen und die Halme entsprechend kürzen.

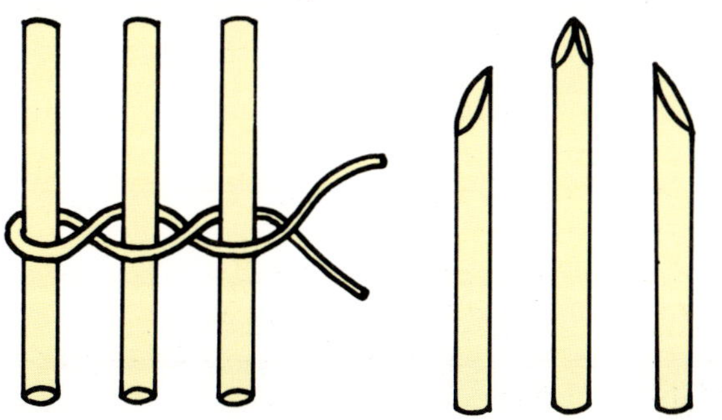

Kleiner Strohstern mit Gesteck ∅ 28 cm

Material:
8 dünne Langstrohhalme, 28 cm lang
24 dünne Strohhalme, 23 cm lang
Grundstern: 4er-Stern

Aus den Langstrohhalmen zwei 4er-Sterne und aus den kürzeren Halmen sechs weitere 4er-Sterne binden. Die beiden Langstroh-Sterne miteinander verweben, ebenso je zwei Sterne der anderen Größe. Wir haben jetzt also einen Langstrohstern und drei andere Strohsterne.

Aber das ist noch nicht alles! Wir teilen die Halme in 8 Gruppen à 7 Halme auf, d. h. jedem zweiten Langstrohhalm werden von beiden Seiten je 3 kürzere Halme zugeordnet. Auf diese Art bleibt jeder zweite Langstrohhalm frei. Die kurzen Halme in Höhe des äußersten Fadens zur Mitte hin knicken. (Siehe Pfeil im Bild unten →)
Die 7 Halme werden zwischen Daumen und Zeigefinger gehalten und 3,5 cm von der Spitze des langen Halms entfernt mit einem

In der nächsten Stufe werden jeweils zwei dieser 8er-Sterne versetzt aufeinandergelegt und miteinander verwoben. Zum Schluß wird auf die gleiche Art ein einziger Stern daraus.

reißfesten Faden zusammengebunden. Die kurzen Halme werden knapp oberhalb der Bindestelle abgeschnitten. Dann die Enden der Langstrohhalme zuschneiden und das Gesteck in der Mitte aufkleben.

Strohkugeln

Wir sind gewohnt, den Weihnachtsbaum mit Sternen und Kugeln zu schmücken. Über Sterne aus Stroh habe ich Ihnen schon viel gesagt, aber auch die Kugeln können wir aus diesem beliebten und angemessenen Naturmaterial herstellen. Es ist ja ein berechtigtes Anliegen, den Baum jedesmal in einem bestimmten Stil zu schmücken.

Arbeitsmäßig gehen wir gar nicht viel anders vor als bei den besprochenen Strohsternen. Für das Kugel-„Gerippe" verwenden wir feine Streifen aus gebügeltem Stroh, die wir auf einheitliche Länge schneiden.

Wir suchen uns ein Gefäß (z. B. Dose oder Glas) mit dem Durchmesser, den unsere Kugel erhalten soll. Um dieses Gefäß legen wir die Strohstreifen herum und kleben sie an den Enden mit UHU Alleskleber zusammen. Die Klebestelle wird mit einer Büro- oder Wäscheklammer zusammengehalten. Nach dem Trocknen werden die Ringe nach Belieben ineinandergeschoben und an den Schnittpunkten geklebt.

Es gibt viele Möglichkeiten, diese Kugeln zu verzieren. Vermeiden Sie aber, daß sie zu überladen wirken. In meinen Beispielen habe ich gern Perlen mit eingefädelt; diese müssen natürlich auch mit einem Tupfer UHU Alleskleber fixiert werden.

Sterne aus gebügeltem Stroh

Aufgeschnittenes und gebügeltes Stroh ist ein sehr beliebtes Bastelmaterial. Es ist plan und wird gern auch auf einen Untergrund aufgeklebt. Wie wir es uns vorbereiten und dekorativ gestalten, ist im Eingangskapitel gesagt und gezeigt. Aber auch ganz dünne Streifen lassen sich leicht schneiden. Diese Möglichkeit findet nachher in zahlreichen „Filigran“-Sternen Anwendung.
Doch nun als erstes zu den nebenstehenden kleinen Strohsternen:

Stern links oben:
1. Einfacher, gleichmäßiger Strahlenstern. Hier wurden ganze Strohhalme flachgebügelt. Der Stern ist gebildet aus zwei absolut gleichen 6er-Sternen. Die Halm-Enden sind dekorativ eingeschnitten.

Stern oben Mitte:

2. Der Stern ist gebildet aus zwei 4er-Sternen: einer aus breitem, schön zugeschnittenem Stroh, der andere aus längeren dünnen Streifen. (Auf dem Foto erkennen Sie die von der Spannung herkommende Biegung der langen Strohstreifen.)

Stern oben rechts:

3. Der Stern ist in dieser Form herstellbar aus schmalen gebügelten Strohstreifen oder aber auch aus gebügelten kompletten Strohhalmen. Aufgebaut auf dem Prinzip des 6er-Sterns.

Stern 2. Reihe links:
4. Ein 4er-Stern aus schön geschnittenem, breitem Stroh. Auf Lücke ein weiterer 4er-Stern aus dünnen Strohstreifen, die oben eingeschnitten sind.

Stern 2. Reihe Mitte:
5. Ein kleiner und ein größerer 4er-Stern jeweils aus verziertem Stroh. Auf die Spitzen der 16 Halmenden wurde jeweils eine Perle aufgesteckt und mit einem kleinen Tropfen UHU Alleskleber festgeklebt.

Stern 2. Reihe rechts:
6. Wiederum auf der Basis von 4er-Sternen: Breites verziertes Stroh und dünne, oben schräg geschnittene, lange Strohstreifen wechseln einander ab.

Stern unten links:
7. Ähnlich dem vorhergehenden Stern, doch sind die dünnen Strahlen nur exakt so lang wie die Enden der verzierten breiten Strahlen.

Stern unten Mitte:
8. Eine weitere Variante: Statt einer Verzierung erhielten nun die breiten Strahlen lediglich Spitzen; die langen Strahlen sind an den Enden eingeschnitten.

Stern unten rechts:
9. Der letzte Stern ist etwas völlig anderes: ein 12strahliger Stern aus gelegten und auf den Untergrund festgeklebten Strohteilen. Die längeren Zacken sind jeweils aus zwei schmalen Strohstreifen gebildet. Der daraufgesetzte volle Stern besteht aus 6 gleichen Einzelteilen, die aneinandergeschoben sind. (Beachten Sie, daß die Spitzen der offenen, konturierten Zacken jeweils aus zwei ungleichen Strohstreifen zusammengefügt sind! So sind die spitzen Ecken etwas weniger empfindlich.)

Originelle Bildeinfassung

Wieder zeige ich als erstes eine sehr einfache Arbeit, die aber doch effektvoll ist: Gerade für Fotos von unseren Kleinsten eignet sich die Einfassung mit Stroh sehr gut. Aber dabei achten wir darauf, daß das Material selbst wirkt. Alles Gekünstelte muß vermieden werden. Unser Beispiel wurde mit schlichten 4er-Sternen gestaltet, die nur zugespitzt wurden.

Wir fertigen zunächst acht 4er-Sterne an, die absolut gleich sind. Die Größe ist abhängig vom Format des einzurahmenden Bildes. An jedem Stern lassen wir einen Halm etwas länger. Dieser stellt nachher die Verbindung zum Nachbarstern her. Wieder hilft uns ein Tupfer UHU Alleskleber.
Achten Sie bitte auf die Größenverhältnisse der Sterne und des Bildmotives.

Bunter Stern mit 8 „Satelliten"

Dieser Satelliten-Stern soll zeigen, wie weit die Möglichkeiten auch bei ausschließlicher Verwendung von gebügeltem Stroh gehen. Wer die bisher beschriebenen Muster nachgearbeitet hat, wird auch diesen Stern leicht fertigstellen. Der Innenstern ist eine Mischung aus den Sternen Nr. 8 und 9 der Seite 21, die kleinen Außensterne sind untereinander alle gleich, doch ist der Farbwechsel von Gelb zu Rot recht reizvoll. Denken Sie auch bei diesem Stern daran, daß Sie alle Spitzen stets nach eigenen Vorstellungen zuschneiden können. Als Anregung zwei kleine Skizzen.

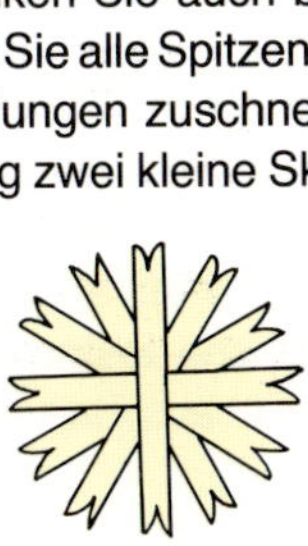

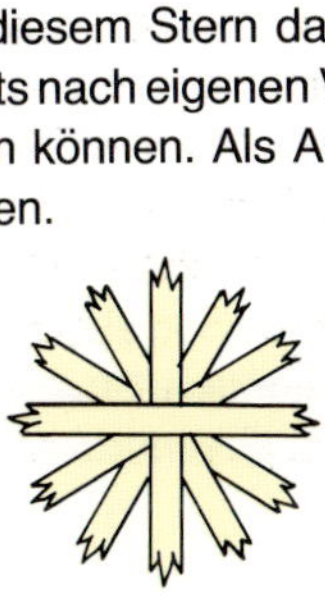

Spandose, mit Stroh geschmückt

Mit Stroh können wir auch Gebrauchsgegenstände gestalten. Bei unserer Spandose mit hellem und braunem Stroh ist wieder der 4er-Stern unverkennbar die Grundlage. Das fertige Stück wirkt aber beinahe wie eine Intarsienarbeit.

Und wie wird's gemacht?

Es gibt verschiedene Möglichkeiten, zu diesem Ergebnis zu kommen. Wer es sich zutraut, kann direkt auf die Spandose kleben. Ich bevorzuge es – und empfehle es dem Anfänger –, zunächst einmal auf Papier zu kleben, weil ich die Gesamtform dann besser ausschneiden kann. Ich nehme also ein Stück Papier, ziehe mit dem Zirkel exakt den Kreis, den ich nachher für die Dekorationsfläche brauche, und lege dann die Strohstücke auf.
Ich habe nun als erstes einen 4er-Stern aus gebräuntem Stroh gelegt und festgeklebt. Danach einen 4er-Stern aus braunem Stroh. Jetzt war das Papier nur noch am Kreis 16 mal sichtbar. Hierfür schnitt ich mir spitze Dreiecke, die den Raum genau ausfüllten und über den Kreis hinausreichten. Nun schnitt ich mir noch 8 braune Stücke mit V-Einkerbung, deutlich schmaler als das gebräunte Stroh. Diese klebte ich absolut gleichmäßig auf. Schließlich machte ich mir noch die besonders spitzen hellen Dreiecke zurecht, die ich auf den braunen Strahlen anordnete. (Auf dem Foto ist eines dieser spitzen Dreiecke entfallen.)
Achten Sie immer darauf, daß die aufgeklebten Strohstücke über den Kreis hinausreichen. Wenn Sie nun mit scharfer Schere den Kreis ausschneiden, entsteht das saubere Außenrund. Nun das Trägerpapier auf den Spandosendeckel kleben.

Die Maße:
∅ des Dosendeckels: 140 mm
Breite des gebräunten Strohes: 15 mm
Breite des braunen Strohes: 10 mm

Strohbilder

(zu Foto Seite 27)

Minibilder sind in jüngster Zeit sehr beliebt. Auch Stroh – natürlich immer gebügelt – eignet sich hierfür hervorragend. Gefärbtes Stroh wird man kaufen, wenn man sich nur gelegentlich mit dieser Bastelarbeit befaßt. Wir sprechen hier nicht von Stroh-Intarsien, die ein ganz eigenes Gebiet sind.* Bei unseren Bildern wird übereinandergeklebt. Der Reiz liegt in der Struktur des Materials und in der materialbedingten Schlichtheit der Formen.

Ich habe in allen Fällen zuerst den Hintergrund auf eine Pappe in Postkartengröße aufgeklebt. (UHU Alleskleber ist hierfür immer richtig!) Dabei teilte ich im Falle „Blumen-Stilleben" die Fläche natürlich von Anfang an in zwei Farbflächen auf.

Soweit ein Bildelement aus einem Strohstück entstehen konnte, schnitt ich es unmittelbar aus und klebte es direkt in mein Bild. Wo ein Bildelement aus mehreren Stücken zusammengesetzt werden muß, empfehle ich, die Strohstücke dicht an dicht auf ein Papier zu kleben und dann das Element zusammen mit dem Papier auszuschneiden.

Die Bilderrahmen sind aus naturbelassenem Holz. Man kann sie für wenig Geld kaufen oder auch selbst herstellen.

Was meinen Sie, wieviel Sie für diese kostbaren Weihnachtskarten bezahlen müßten?

Natürlich machen wir alles selbst. Gerade das gibt ja uns und dem Adressaten erst richtig Freude! Unsere Karten sind nicht nur ein Weihnachtsgruß, sondern zugleich Aufmerksamkeit und Geschenk. Vergessen Sie darum nicht, die Arbeit zu signieren. Und noch eines: Sparen Sie nicht beim Material! Wir kauften uns im Papierwarengeschäft fein marmorierte Klappkarten mit passenden Kuverts. Für alle Beispiele wurde gebügeltes Stroh verwendet.

Ganz gewiß keine schwierige Aufgabe ist die Karte mit den drei Sternen. Es sind 8er Sterne mit gleichmäßigen Strahlen, aber in unterschiedlichen Farben und Größen. Wenn wir die Sterne nur in ihrem Mittelpunkt mit einem Tupfer UHU Alleskleber festkleben, die Strahlen also frei auf der Karte liegen, wirken die Sterne noch natürlicher.

Ausschließlich aus Stroh ist auch die Karte „Weihnachtsbaum". Als Stamm dient ein quadratisches, braunes Stück. Die Querstreifen, die Zweige darstellend, werden von Stufe zu Stufe etwas schmaler und kürzer; gerade so viel, daß Platz für die roten Kerzen bleibt. Es ist gut, daran zu denken, daß Kerzen und Flammen entsprechend der Faserrichtung des Strohes geschnitten werden. Das sieht echter aus und schafft stabilere Teilchen. Ganz entzückend der kleine Stern aus 7 Rhomben.

Bei Weihnachtsmann und Engel kommen Watte und feine Goldlitze hinzu. Da hier z. B. die Köpfe aus zwei oder drei Strohstücken gebildet werden, ist es zweckmäßig, vorher das Stroh nebeneinander auf ein Papier zu kleben, auf dessen Rückseite man die gewünschte Form einzeichnet. Dann schneidet man beides zusammen aus.

Das Watte-Haar des Engels wurde mit Goldlitze umwickelt, bevor es aufgeklebt wurde. Bitte UHU Alleskleber nur sparsam verwenden, um das Flauschige zu erhalten.

* TOPP-Nr. 691, Karl Kracht, Stroh-Intarsien-Bilder

Sterne aus gebügeltem und ungebügeltem Stroh

Schon an anderer Stelle sagte ich, daß die Kombination beider Stroh-Materialien besonders reizvoll ist. Während das gebügelte Stroh einen kompakten Körper bildet oder durch interessante Verzierungen auffällt, strahlen die Halme, Gräser und Binsen nach außen.

Großer Strahlenstern

∅ 44 cm

Ein sehr wirkungsvoller Stern, der von dem Hell-Dunkel-Kontrast lebt. Dadurch tritt der Stern aus dem gebügelten Stroh stark hervor.

Material:
12 helle gebügelte Strohhalme, 1,5 cm breit, 23 cm lang
42 gebräunte eingeweichte Langstrohhalme, 44 cm lang
Grundstern: 6er-Stern

Jeweils 2 gebügelte Strohhalme aufeinanderkleben und spitz zuschneiden.
7 braune und 1 hellen 6er-Stern binden. Jeweils 2 braune Sterne versetzt aufeinanderlegen und miteinander verweben. Mit dem übrigen hellen und braunen Stern ebenso verfahren (insgesamt 4 Sterne). Aus diesen 4 Sternen zunächst zwei und schließlich einen Stern binden. Dabei sollte der helle Stern soweit wie möglich in die Mitte kommen, d.h. 4 braune 6er-Sterne sollten auf dem hellen Stern und 3 braune 6er-Sterne unter ihm liegen.
Jeweils 7 braune nebeneinanderliegende Halme von der Mitte aus auf folgende Längen zurückschneiden: 15 cm, 18 cm, 19 cm, 22 cm, 19 cm, 18 cm, 15 cm. Halmenden spitz zuschneiden.

Der Stern
für geübte Bastler!

∅ 58 cm

Innenstern:

12 gebügelte breite Strohhalme, 22 cm lang
6 helle, eingeweichte, dicke Strohhalme, 18 cm lang

Fächer:

72 helle, gleichstarke, eingeweichte Strohhalme, 13 cm lang
12 helle, etwas stärkere, eingweichte Strohhalme, 17 cm lang
24 helle, eingeweichte, dicke Strohhalme, 18 cm lang
24 gebräunte, eingeweichte, dicke Strohhalme, 14 cm lang
24 helle, eingeweichte, dicke Strohhalme, 11 cm lang
Grundstern: 6er-Stern

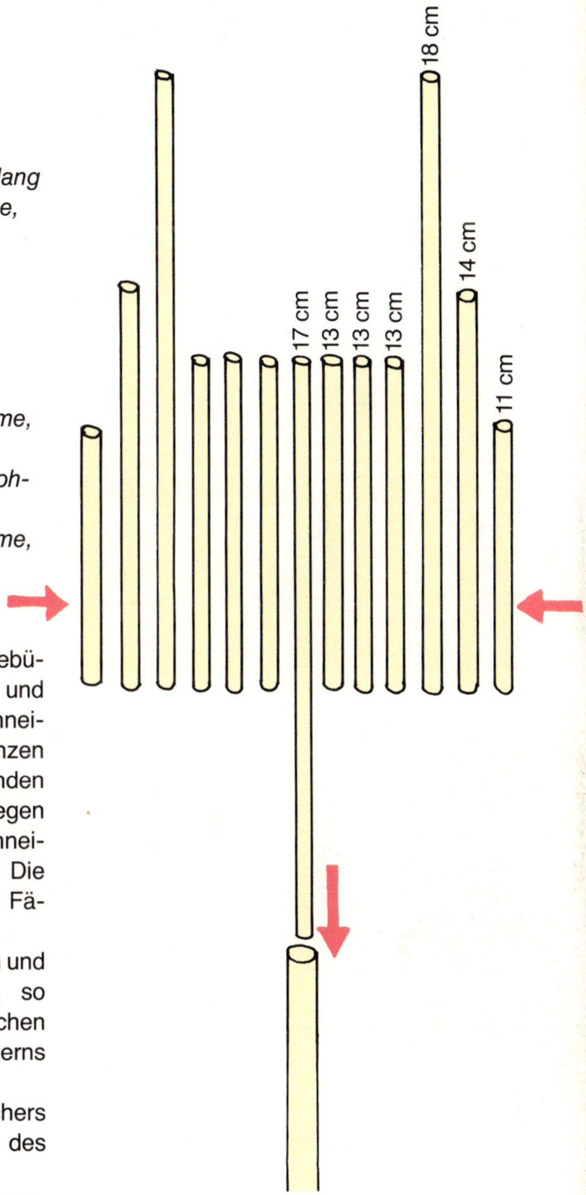

Für den Mittelstern jeweils 2 dicke gebügelte Strohhalme aufeinanderkleben und einen 6er-Stern binden und spitz zuschneiden. Mit den sechs 21 cm langen ganzen Halmen einen weiteren 6er-Stern binden und beide Sterne versetzt aufeinanderlegen und miteinander verweben. Spitz zuschneiden bis zum äußersten Bindefaden. Die Halme nach Zeichnung legen und zu Fächern zusammenfügen.
Sämtliche 13 Halme zwischen Daumen und Zeigefinger fest zusammendrücken, so daß die Halme nicht übereinanderrutschen und direkt am Halmende des Innensterns (21 cm ∅) zusammenbinden.
Der überstehende Mittelhalm des Fächers wird nun in einen dicken Strohhalm des Innensterns gesteckt und eingeklebt.
Nach dem Trocknen des Klebstoffes werden erst die äußersten kurzen Halme von 2 Fächern, dann die mittleren und anschließend die langen Halme an den Spitzen zusammengebunden. Halmenden knapp nach den Bindestellen abschneiden.

Großer Strohstern mit Gesteck

∅ 45 cm

Material:

32 dünne, eingeweichte Langstrohhalme, 38 - 40 cm lang

8 kleine Sterne aus je 12 ganzen Halmen (6er-Stern) à 10 cm Länge

Hauptstern: Grundstern: 4er-Stern.

Mit den 32 langen Halmen werden 8 Sterne aus je 4 Halmen gebunden. Einen 4er-Stern aus sehr stabilen Halmen binden, der nachher die Außensterne trägt. Jeweils 2 Sterne versetzt aufeinanderlegen und miteinander verweben. Die 4 daraus entstehenden Sterne werden nun zu zwei und dann zu einem Stern zusammengebunden.

Die Halme in acht 7er-Gruppen aufteilen, so daß zwischen den Gruppen jeweils 1 Halm frei bleibt (insgesamt 8 einzelne Halme). 7 nebeneinanderliegende Halme werden nun ca. 1 cm von den Halmenden entfernt zwischen Daumen und Zeigefinger zusammengepreßt und mit einem starken Faden an der Druckstelle mehrmals umwickelt und verknotet. An diesen Bindestellen wird jeweils eine kleine Blume aufgeklebt und in der Mitte das Gesteck arrangiert. Auf die noch freien Halme werden die kleinen Sterne aufgesteckt und angeklebt.

Kleiner Stern: Grundstern: 6er-Stern.

Es werden jeweils 2 Sterne aus 6 Halmen versetzt aufeinandergelegt und zu einem Stern verwoben werden. Die Halmenden werden V-förmig eingeschnitten.

Filigran-Sterne

Filigran-Sterne sind eine sehr reizvolle Version der Strohsterne. Es gibt unendlich viele Möglichkeiten der Abwandlung, doch ist das Prinzip immer dasselbe: Wir gestalten zuerst einen der vorher gezeigten 4er oder 6er-Sterne aus eingeweichten ganzen Strohhalmen. Dann schneiden wir aus gebügeltem Stroh sehr feine, filigranartige Streifen. Der faszinierende Eindruck dieser Sterne entsteht nun daraus, daß aus dem etwas kompakteren Mittelstern, die fadendünnen Halmstreifen „herauswachsen", in vielfältige Formen gebogen oder auch leicht eingeknickt.

Einfacher Filigranstern
(Nr. 1) ∅ 17 cm

Material:
4 dicke, eingeweichte Strohhalme, 6,5 cm lang
4 dünne, eingeweichte Strohhalme, 7,0 cm lang
Einige Halme gebügeltes Stroh
Grundstern: 4er-Stern

Mit den 4 dicken und 4 dünnen Halmen jeweils einen Stern binden. Beide Sterne versetzt aufeinanderlegen und verweben. Die dünnen Halme werden wie abgebildet spitz zugeschnitten. Aus dem gebügelten

Stroh jeweils 8 dünne Streifen von 7, 9 und 12 cm Länge schneiden, in der Mitte knicken und die Streifenenden in die dicken Halme des Sterns einkleben.

Filigranstern (Nr. 2) ∅ 25 cm

Material:
4 dicke, eingeweichte helle Strohhalme, 10,5 cm lang
4 dicke, eingeweichte helle Strohhalme, 22,0 cm lang
8 dicke, eingeweichte braune Strohhalme, 10,5 cm lang
Grundstern: 4er-Stern

Aus den 8 braunen und 8 hellen Halmen je 2 Sterne binden. Jeweils 2 braune und 2 helle Sterne aufeinanderlegen und miteinander verweben. Beide Sterne verbinden.

Bei den hellen Strohhalmen sollten abwechselnd ein kurzer und ein langer Halm nebeneinander liegen. Die braunen und die langen hellen Halme laut Abbildung spitz zuschneiden. Aus dem gebügelten Stroh je 8 schmale Streifen von 12, 15, 17 und 19 cm Länge schneiden, in der Mitte knicken und in die dicken hellen Halme einschieben und ankleben. Darauf achten, daß die Mitte der geknickten Strohstreifen hinter den langen, spitz geschnittenen Halmen liegt.

Material zu Filigranstern Nr. 3, ∅ 20 cm
6 dicke, eingeweichte Strohhalme,
9 cm lang
6 dünne, eingeweichte Strohhalme,
11 cm lang
12 dünne, eingeweichte Strohhalme,
ca. 8 cm lang (werden in die dicken Strohhalme gesteckt)
Je 12 Streifen aus gebügeltem Stroh
à 9, 11 und 13 cm für die Bögen
Grundstern: 6er-Stern

Den Stern mit den dicken Halmen mit dem anderen Stern verweben und die Strohstreifen in die dicken Halmenden einkleben.

Material zu Filigranstern Nr. 4, ∅ 14 cm
6 dicke, eingeweichte Strohhalme,
7 cm lang
6 dünne, eingeweichte Binsen oder
Grashalme, 7 cm lang
12 Streifen aus gebügeltem Stroh,
ca. 12 cm lang
Grundstern: 6er-Stern

Den Strohstern mit dem Binsenstern verweben. Die Strohstreifen in der Mitte knikken und die Streifenenden in die dicken Halmenden des Sterns einkleben.

Material zu Filigranstern Nr. 5, ∅ 18 cm
6 dicke, eingeweichte Strohhalme,
8 cm lang
6 dünne, eingeweichte Strohhalme,
8 cm lang
12 Streifen aus gebügeltem Stroh,
13 cm lang, in der Mitte knicken
12 Streifen aus gebügeltem Stroh für die Bögen, 11 cm lang
Grundstern: 6er-Stern

Den Stern aus dicken Halmen mit dem Stern aus dünnen Halmen verweben und in die dicken Halmenden die Strohstreifen einkleben.

Material zu Filigranstern Nr. 6, ∅ 20 cm
6 dicke, eingeweichte Strohhalme,
9 cm lang
6 dünne, eingeweichte Strohhalme,
11 cm lang
18 dünne, eingeweichte Strohhalme,
7 cm lang
Einige gebügelte Strohhalme,
davon je 6 Streifen von 9, 13 und 17 cm
Länge schneiden.
Grundstern: 6er-Stern

Aus den 6 dicken und den 6 dünnen Halmen je einen 6er-Stern binden. Beide Sterne versetzt aufeinanderlegen und miteinander verweben. In jeden 2. dicken Halm des Sterns je 3 Halme à 7 cm einschieben. Die 9, 13 und 17 cm langen Streifen aus gebügeltem Stroh zu Bögen formen und jeweils neben den 3 eingeschobenen Halmen einkleben. Die restlichen Halme des Innensterns nach Foto spitz zuschneiden.

Filigranstern Nr. 7
Variation zu Stern Nr. 6: Die restlichen 6 dicken Halmenden des Sterns nicht einschneiden, sondern jeweils 3 dünne, 7 cm lange Strohhalme einschieben und ankleben.

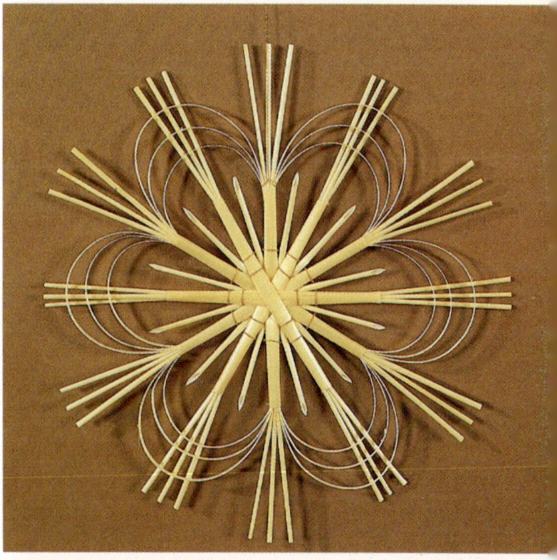

Material zu Filigranstern Nr. 8, ∅ 21 cm
6 dicke, helle eingeweichte Strohhalme,
8 cm lang
18 Binsen oder Grashalme, eingeweicht,
21 cm lang
Einige Halme gebügeltes Stroh
Grundstern: 6er-Stern

3 Binsensterne und 1 Strohstern aus je 6 Halmen fertigen. Jeweils 2 Sterne miteinander webartig verbinden und diese beiden Sterne wieder versetzt aufeinanderlegen und miteinander verweben. In die Enden der Strohhalme werden 12 Streifen à 11 bis 12 cm aus gebügeltem Stroh eingefügt. Die Binsen nach Foto einschneiden.

Material zu Filigranstern Nr. 9, ∅ 27 cm

6 helle, dicke, eingeweichte Strohhalme, 10 cm lang
6 gebräunte, dünne, eingeweichte Strohhalme, 10 cm lang
12 gebräunte, dünne, eingeweichte Strohhalme, 12 cm lang
Einige helle, gebügelte Strohhalme
Grundstern: 6er-Stern

Aus den 6 hellen und 6 gebräunten Halmen à 10 cm je einen Stern binden und beide Sterne webartig miteinander zu einem Stern verbinden. Die gebügelten Halme werden zu je 12 dünnen Streifen von ca. 10, 12, 15 und 18 cm Länge geschnitten, in der Mitte geknickt und die Streifenenden zusammen mit je einem der 12 gebräunten Strohhalme in die Halmenden des dicken hellen Grundsterns (lt. Foto) eingeklebt. Die gebräunten Halmenden werden spitz zugeschnitten.

Filigranstern mit roten Perlen

Dieser Filigranstern hat einen sehr kompakten Grundstern, der aus einem 4er-Stern aus kurzem, gebügeltem Stroh und einem weiteren, aus einem ebenso breiten Strohhalm-Ende, gebunden wurde. Aus jedem der Strohhalm-Enden wachsen 6 Strohfiligrane heraus, deren interessante Form durch kleine rote Perlen am Peripherie-Punkt gestützt und geschmückt wird.

Großer Engel (Titelseite)

Zeichnung 1:
Zwischen 10 und 15 gleichstarke, eingeweichte Strohhalme werden an einer Seite, ca. 1-2 cm vom Halmende entfernt, mit einem starken Faden zu einem Bündel zusammengefaßt. Der Faden muß sehr fest angezogen werden.

Zeichnung 2:
Die einzelnen Halme werden an der Bindestelle umgeklappt und nach 1½ bis 2 cm als Kopf abgebunden.

Zeichnung 3:
Arme und Flügel werden etwa 1 cm unterhalb der Bindestelle des Kopfes zwischen den Halmen durchgezogen und die Gloriole hinter den Flügeln eingelegt. An der Taille erneut abbinden.

Zeichnung 3a:
Für den Flügel werden 10 bis 15 gleichstarke, eingeweichte Halme parallel nebeneinander angeordnet. Den Faden zum Abbinden vorher in der Mitte unter die Halme legen. Mit der rechten Hand werden die Strohhalme beschwert, während gleichzeitig alle Halme in der Mitte zwischen Daumen und Zeigefinger der linken Hand zusammengepreßt werden. Anschließend wird der Flügel an der Druckstelle fest abgebunden.

Zeichnung 3b:
Arme und Gloriole werden aus je 3 eingeweichten, dünnen Strohhalmen, bzw. aus Goldschnur geflochten.

Den festen Stand erhält die Figur dadurch, daß die inneren Halme etwas kürzer geschnitten werden als die äußeren.
Die Flügel werden lt. Foto zugeschnitten. Beide Arme nach vorne nehmen und an den Gelenken zusammenbinden. Abschließend kann der Engel noch mit kleinen Sternen verziert werden.

Kleiner Engel (Titelseite)

Der kleine Engel wird wie der große Engel gearbeitet, jedoch werden statt 10-15 nur 5-7 Halme benötigt, da nicht 1½ cm vom Halmende entfernt, sondern in der Mitte abgebunden wird. Anschließend werden die Halmenden links von der Bindestelle zu den rechten Halmenden umgeknickt und etwa 1 cm unterhalb der Knickstelle als Kopf abgebunden (s. Zeichnung 4-6).

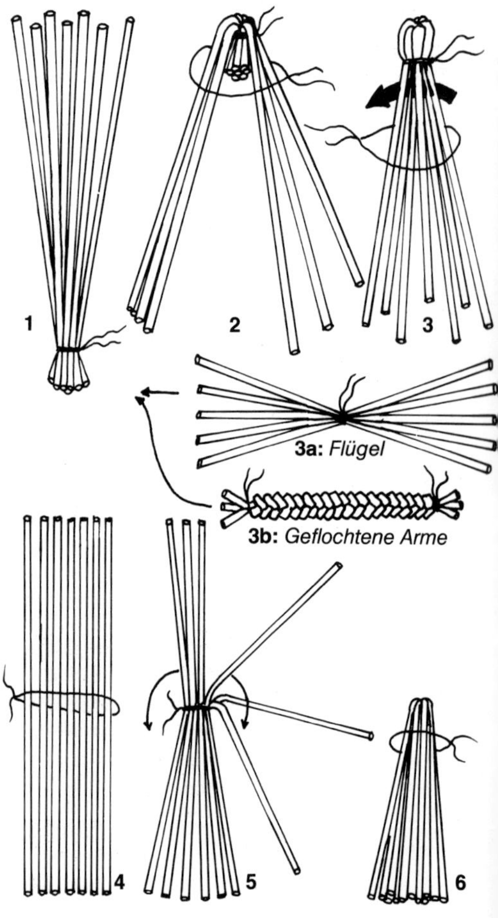

Diese beiden Engel wurden mir freundlicherweise von der über 80jährigen Franziska Bernhardt zur Verfügung gestellt. Mit diesem Hinweis möchte ich Ihnen zeigen, daß das Basteln mit Stroh eine kreative Beschäftigung für jedes Alter ist.

Engel

Die beiden nebenstehenden Engel sind auf der Basis der linken Grundfigur gearbeitet. Es erfolgten zwei Abbindungen, so daß Oberkörper und Kopf entstanden.
Die Flügel würden nach dem Prinzip der Fächer (Seite 4) gebildet. Da wir aber einen nach beiden Seiten gleichmäßig ausgebildeten Fächer brauchten, wurde der „Fächer" in der Mitte der Halme gebunden. Schwung und Lebendigkeit kommt in die Flügel durch den Schnitt der Halmenden.
Selbstverständlich ist die Zahl der eingesetzten Halme ebenso frei wie der Schnitt der Flügel. So wurde z.B. beim kleinen Engel gebügeltes Stroh verwendet, das sich an den Flügelenden nach vorn biegt. Auch auf der Titelseite dieses Buches zeigen wir zwei Engel; der kleinere davon hat einen völlig anderen Zuschnitt seiner Flügel.
Die Engel auf dieser Seite wirken durch ihre Schlichtheit. Sie haben keine Arme und die Gloriole ist ihr einziger Schmuck. Die Titelseite zeigt, was man noch hinzutun kann. Arme und Gloriolen sind aus geflochtenem Stroh. Hierfür verwenden wir eingeweichtes Stroh, das man kurz überbügeln kann.
Und wie bringen wir diese Teile und die Flügel an?

So werden die Krippenfiguren hergestellt

Während bei den Engeln sowohl in der Herstellung als auch im Gesamteindruck die Nähe zum Stern noch spürbar ist, habe ich das Stroh bei den Krippenfiguren als frei formbares Bastelmaterial angewendet.

Auch wenn ich persönlich alle Bastelmaterialien gern „natur" verwende, was ganz besonders bei Stroh naheliegt, so begrüße ich es doch, daß man Stroh auch färben oder gefärbt kaufen kann. Die Heiligen Drei Könige lassen sich nun wirklich mit farbigem Stroh ideal darstellen. Der Kontrast zur Heiligen Familie und zur Stätte selbst ist umso eindrucksvoller.

Die Figur des Josef baut auf der mittleren Grundfigur (Seite 44) auf. Über die „Schultern" der geflochtenen Arme wurden jeweils 3-4 gebügelte ganze Halme gelegt, an der Taille abgebunden und auf die gewünschte Länge gekürzt. Laterne und Stab sind bei diesem Material auch kein Problem. Auch das Kindlein in der Krippe muß wohl nicht beschrieben werden.

Bei Maria wurden über die Schultern je 2 halbe Strohhalme gelegt und an der Taille überkreuz gebunden. Deutlich sind die geflochtenen Arme erkennbar. Auch ist ein Heiligenschein in Form eines kleinen Ringes aus gebügeltem Stroh „auf das Haar" gelegt.

Interessant ist, daß diese Figuren in begrenztem Maße biegbar sind, wobei allerdings der Schwerpunktverlagerung auf andere Weise Rechnung getragen werden muß.

Wie den anderen Figuren ihre Individualität gegeben wurde, sehen Sie leicht selbst. Ich möchte Sie mit meinen Beispielen nicht festlegen, sondern anregen.

Grundfigur:

Wie Punkt 1, großer Engel.

Anschließend werden sämtliche Halme an der Bindestelle umgeklappt und die geflochtenen Arme eingelegt. An der Taille wird erneut abgebunden.

Einen sicheren Stand erhält die Figur, indem man die mittleren Halme ein wenig kürzer schneidet als die äußeren. Ein Schaschlikstäbchen wird von oben in die Figur gesteckt und eine kleine Holzkugel ($1\frac{1}{2}$ cm ∅ aufgesteckt und festgeklebt. Als Haare kann gefärbte Schafwolle oder Watte verwendet werden.

Josef:
Für die Beine werden die Halme in 2 Gruppen aufgeteilt und ca. 2 cm von den Halmenden entfernt abgebunden. Pro Bein werden 2 Halme als Fuß nach vorne gebogen und die restlichen Halme werden als Absätze knapp unterhalb der Bindestelle abgeschnitten. Für das Gewand werden noch zusätzlich über jede Schulter 3 Halme gelegt, an der Taille zusammengefaßt und zurechtgeschnitten.

Christkind:
Das Kind wird wie die Grundfigur, jedoch nur aus 4 kurzen Halmen gefertigt. Als Arme dient ein fünfter Halm.

Die Heiligen 3 Könige werden ebenfalls wie die Grundfigur gearbeitet. Für die Gewänder kann auch gebügeltes Stroh verwendet werden, dabei jeweils 2 gleichstarke Halme zusammenkleben, um eine Rückseite zu vermeiden. Die Kronen und Geschenke sind aus gebügelten Strohhalmen zu arbeiten.

Die Krippe kann aus noch feuchten, in Streifen geschnittenen Tannenrinden selbst hergestellt werden. Als Unterlage wird eine Spanplatte ca. 60 x 60 cm verwendet, auf der die einzelnen Rindenstreifen mit Nägeln befestigt werden. Die Rindenstreifen werden untereinander mit feinem Draht verbunden.

Schafe:
Ein Gerüst lt. Zeichnung zusammenkleben und die Watte mit wenig Klebstoff befestigen. Der Kopf besteht aus einem eingeweichten Strohhalm, der nach ca. 1½ cm geknickt und anschließend aufgewickelt wird. Mit einer Wäscheklammer wird der Kopf zusammengehalten, bis das Stroh getrocknet ist, anschließend wird die Klammer gelöst, der Kopf geklebt und erneut mit einer Wäscheklammer zusammengehalten. Nach dem Trocknen wird der Kopf mit Klebstoff bestrichen, etwas Watte aufgelegt und auf den Körper aufgesetzt.

Das Foto auf Seite 47 zeigt, wie man Stroh mit anderen Materialien, hier Köpfe aus Holz- oder Wattekugeln, verbindet.

Das ist natürlich Geschmacksache, technisch aber kein Problem: Die Kugeln werden mit einem Dorn versehen, in den Strohhals eingesteckt und mit UHU Alleskleber festgeklebt.

Beachten Sie bei diesem Foto, wie die vordere Figur mit Purpurmantel kniet: Wie fantastisch eignet sich auch hierfür unser Material!

Abschließend noch ein paar Worte und ein Bild zum Thema Krippentiere: Natürlich kann man auch die zur Weihnachtskrippe gehörenden Tiere voll aus Stroh formen, in dem hier gezeigten Beispiel fügen sich die Tiere mehr in Natur, in Gras und Baum und Haus ein. Das scheint mir ein guter Weg zu sein. Aber das bedingt doch, daß wir ausschließlich Naturmaterial verwenden. Wie gefallen Ihnen meine Schäfchen?